QUELQUES MOTS

SUR L'AVENIR.

DU CANAL DE SUEZ

NOTE DE L'AUTEUR.

———

Avant de livrer à la publicité une brochure qui était rédigée dès le 25 mai dernier, j'ai jugé convenable, à tous les points de vue, d'en soumettre le manuscrit à la haute appréciation de M. le Président de la Compagnie universelle du Canal maritime de Suez; voici la réponse que M. F. de Lesseps m'a fait l'honneur de m'adresser, et qu'il a bien voulu m'autoriser à reproduire ici :

COMPAGNIE UNIVERSELLE

du

CANAL MARITIME DE SUEZ.

—✳—

Paris, 29 mai 1875.

MONSIEUR,

J'ai lu avec beaucoup d'intérêt le manuscrit que vous avez bien voulu me communiquer d'une brochure que vous vous proposez de publier sur l'avenir du Canal de Suez.

Loin de considérer cette publication comme « intempestive, » je pense que notre entreprise n'a que des avantages à retirer de toute étude loyale.

Votre travail témoigne de tout l'intérêt que vous portez à notre œuvre.

Je vous engagerais volontiers à remettre cette publication après l'assemblée générale qui, statutairement, ne peut avoir lieu au-delà du 31 juillet, car vous trouverez, dans les comptes qui seront présentés et dans le rapport du conseil d'administration lui-même, des informations précises sur la situation financière de la compagnie, sur la négociation poursuivie à Constantinople par M. le Vice-Président, Ch. Aimé de Lesseps, et enfin sur les dépenses d'entretien du canal.

Veuillez agréer, etc

Le Président,

Signé : FERD. DE LESSEPS.

Monsieur Ancel, vérificateur de l'Enregistrement, à Châlons (Marne).

Conformément au conseil que M. le Président voulait bien m'adresser, j'ai attendu la réunion de l'assemblée générale, et je fais suivre ma brochure, telle qu'elle a été soumise à M. de Lesseps, des observations que m'a suggérées la lecture du procès-verbal de l'assemblée et du rapport du conseil d'administration.

QUELQUES MOTS

SUR L'AVENIR

DU CANAL DE SUEZ

25 Mai 1875.

Lorsque l'illustre fondateur de la Compagnie universelle du Canal de Suez ouvrit au commerce du monde entier une voie nouvelle qui, en abrégeant les distances dans une énorme proportion, assurait aux relations des deux hémisphères une sûreté et une rapidité inconnues jusqu'alors, les hommes les plus compétents se posaient, avec une certaine inquiétude, deux questions de la plus haute importance pour l'avenir de la nouvelle voie de communication :

1° Le commerce l'adoptera-t-il ?

2° La Compagnie pourra-t-elle maintenir le canal en état de parfaite navigabilité ?

Ces deux questions sont aujourd'hui résolues : le commerce, pris complètement au dépourvu, s'est mis en mesure de profiter d'une route que tant d'autorités avaient déclarée impraticable ; l'état du canal est parfait ; la navigation s'effectue dans les meilleures conditions, et les frais d'entretien de la cuvette, qui ne dépassent pas un million par an, sont relativement d'une modicité vraiment surprenante.

Cinq ans et demi se sont écoulés depuis que l'inauguration du canal de Suez a été faite avec toute la solennité que comportait l'entreprise la plus grandiose du XIXe siècle.

Il n'est pas sans intérêt de se rendre compte des résultats obtenus, de ceux qui restent à obtenir, du chemin parcouru, de celui qui reste à parcourir, et de la progression qui doit conduire les nombreux intéressés de cette gigantesque entreprise au but qu'ils se sont proposé, à la réalisation de leurs espérances et à la récompense de leurs courageux et persévérants efforts.

Le Canal de Suez est évidemment destiné à révolutionner le monde commercial ; il sera certainement à l'ancienne navigation à voile ce que les chemins de fer furent jadis au roulage, et l'on pourrait établir une proportion presque mathématique entre le développement des transports par terre résultant de l'application de la vapeur, et le développement des transports par mer résultant du percement de l'isthme de Suez.

Mais, pour ne pas donner à cet aperçu un caractère hypothétique qui lui enlèverait à bien des yeux toute espèce de portée, il semble préférable de s'en tenir purement et simplement au trafic tel qu'il existait avec l'Orient lors de l'inauguration, en laissant de côté, quant à présent, nonseulement toute l'augmentation future, mais encore toute celle qui est certainement acquise dès à présent, et qui n'est pas encore officiellement connue.

Le mouvement commercial entre l'Orient et l'Occident s'élevait, en 1869, à 11 millions de tonneaux. C'est ce chiffre qui servira de base aux calculs qui vont suivre, et qui présenteront successivement la progression pendant les six premiers tiers d'année déjà écoulés et pendant les cinq années entières révolues au 31 décembre 1874.

	Tonnage.	Recettes.	Augmentation en tonnes.
1ᵉʳ tiers de l'année 1870..	103,000ᵗ	1,622,000ᵗ	
— 1871..	252,000	3,013,000	149,000
— 1872..	Gross-tonnage. 434,000	5,122,000	182,000
— 1873..	729,000	8,053,000	295,000
— 1874..	826,000	9,110,000	97,000
— 1875..	1,068,000	10,621,000	242,000
			965,000ᵗ
			1/5
La moyenne de cette progression est de..........			193,000ᵗ

L'augmentation obtenue pendant les années 1871, 1872 et 1874 est inférieure à cette moyenne ; en 1873 et 1875, cette moyenne a été dépassée. L'année 1875 occupe le deuxième rang dans la progression, et, si l'on considère que les calculs de la Compagnie n'ont été faits en gross-tonnage qu'à partir de mars 1872, ce qui exagère l'écart entre 1871 et 1872, ainsi qu'entre 1872 et 1873, on verra que l'année courante se rapproche beaucoup du premier rang, si même elle ne l'atteint tout-à-fait. Il n'y a donc aucun indice de ralentissement dans cette marche ascendante, qui est sans doute plus rapide dans certains moments que dans certains autres, mais qui présente, dans son ensemble, une régularité de très-bon augure.

Le tableau ci-dessus provoque encore une observation d'une extrême importance : les quatre premiers mois de l'année 1875 ont coïncidé avec la première application, pour cette portion de l'année, du nouveau tarif qui a été imposé par la force à la Compagnie de Suez. Cette application a fait perdre à la Société un dixième de ses recettes ; or, malgré cette cause d'atténuation considérable, les produits du 1er janvier au 30 avril (10,621,000 fr.) présentent une augmentation de plus de 15 p. 0/0 sur la période correspondante de 1874 (9,110,000 fr.).

Il n'en reste pas moins certain que la Compagnie a été victime d'un acte de violence tout à fait contraire au droit des gens. En supposant que des considérations d'un ordre supérieur l'eussent déterminée un jour à consentir un abaissement de tarif, elle aurait attendu, pour le faire, que les capitaux de l'entreprise eussent reçu une rémunération suffisante, tandis qu'une mesure brutale et intempestive va l'obliger à reculer encore l'époque de cette rémunération si légitime et si impatiemment attendue.

Si de la comparaison des résultats par tiers d'année on passe à la comparaison par année, on trouve les chiffres suivants :

	Tonnes.	Augmentation en tonnes.	Francs.	Recettes div.	Totaux.
1870	435,911,053		5,159,327	1,227,977	6,387,204
1871	761,467,104	325,556,051	8,993,732	4,008,552	13,002,284
1872	1,439,169,317 Gross-tonnage.	677,702,213	16,406,591	2,459,885	18,966,475
1873	2,085,072,615	615,903,098	22,897,319	1,399,741	24,297,060
1874	2,423,672,229	338,599,614	24,849,972	888,999	25,738,971
		1,987,761,176		9,985,154	
		1/4		1/5	
		496,940,294		1,997,030	

La moyenne de la progression annuelle est donc environ

de 500,000 tonnes. 1871 et 1874 sont inférieures à cette moyenne ; mais nous avons vu tout-à-l'heure, d'une part, que 1875 allait remonter au deuxième rang, et de l'autre, que si on tenait compte de l'adoption du gross-tonnage en 1872, l'année courante pourrait bien, par comparaison avec ses devancières, être classée en première ligne.

La moyenne de 500,000 tonnes comme progression annuelle semblant dès lors indiscutable, il ne s'agit plus que de présenter un tableau des recettes futures, en faisant observer, pour la simplification des calculs, que le tarif actuel (frais accessoires compris) donne presque exactement 9 francs 96 centimes par tonne de gross-tonnage (avril 1875 242,000 tonnes, = 2,410,536 francs), et que le tonnage imposé représente environ les 2/3 du gross-tonnage, puisque 242,823 tonnes, en avril, n'ont produit à 13 francs que 2,193,025 francs, ce qui suppose 168,695 tonnes imposées. Enfin, le total de la perception (frais accessoires compris) étant, pour avril, de 2,410,536 francs 80 centimes, donne 14 francs 30 centimes par tonne nette. C'est sur le montant de cette taxe que seront calculées les réductions de 50 centimes par tonne pour chaque augmentation de 100,000 tonnes nettes, à partir de 2,100,000 tonnes, et jusqu'à ce qu'une diminution de 3 francs ait été obtenue. Les dividendes d'actions seront calculés sur les 71 centièmes de ce qui excède 30 millions de recettes, et les dividendes de délégation, sur 147 pour 100 de ceux des actions (1).

---

(1) Les 120,000 délégations créées en 1869 représentent les revenus afférents, pendant 25 ans, aux 176,000 actions du vice-roi. Chaque délégation a par conséquent droit aux $\frac{176,000}{120,000}$ de ce qui revient à chaque action, soit à 1 fr.47 c. de dividende quand l'action reçoit 1 fr.

Désignation des années.	Transit probable (minimum) en gross-tonnage	Transit probable (minimum) en tonnage net.	Tarif avec application de la réduction.	Recettes du transit.	Recettes diverses.	TOTAL.	Dépenses sociales (y compris 5 % aux actions)	Reste disponible.	5 % à déduire pour réserve et amortissemt.	Reste à distribuer.	71/100 aux actionnaires (le surplus au vice-roi, aux fondateurs, etc.	DIVIDENDES aux actions.	DIVIDENDES aux délégat⁰ˢ (1-47 de l'action).
1875 *	3,000,000ᵗ	2,000,000ᵗ	14 30	28,600,000	2,000,000	30,600,000	30,000,000	600.000	54,000	546,000	387,660	» 95	1 40
1876	3,500,000	2,333,333	14 30	33,366,619	2,000,000	35,366,619	30,000,000	5,366,619	482,995	4,883,624	3.467,372	8 60	12 60
1877	4,000,000	2,666,666	12 80	34.133,248	2.000,000	36.133 248	30,000,000	6,133,248	551,992	5.581,256	3,962,692	9 90	14 50
1878	4,500,000	3,000,000	11 30	33,900.000	2,000,000	35.900,000	30.000,000	5,900,000	531,000	5,369,000	3,811,990	9 50	14 »
1879	5,000,000	3,333,333	11 30	37,666,629	2,000,000	39,666,629	30,000.000	9,666,629	869,997	8,796,632	6,245,609	15 60	22 »
1880	5,500,000	3,666,666	11 30	41,433,258	2,000,000	43,433.258	30,000,000	13,433,258	1,208,993	12,224,265	8,679,228	21 70	31 90
1881	6,000,000	4,000,000	11 30	45,200,000	2,000,000	47,200,000	30.000,000	17,200.000	1,548,000	15,652,000	11,112.920	27 80	40 70
1882	6,500,000	4,233,333	11 30	48,966,629	2 000.000	50,966,629	30.000,000	20,966,629	1,886.997	19,079,632	13.546,539	33 80	49 70
1883	7,000,000	4,666,666	11 30	52,733.258	2,600,000	54,733,258	30.000,000	24,733,258	2,225,993	22,507.265	15,980,158	39 90	57 60
1884	7,500,000	5,000.000	11 30	56,500,000	2,000.000	58,500,000	30,000.000	28,500,000	2,565,000	25,935,000	18,413,850	46 »	67 60
1885	8,000,000	5,333,333	11 30	60.266,629	2,000,000	62,266,629	30,000,000	32,266,629	2,903,997	29,362,632	20,847,469	52 10	76 60
								164,766,270	14,828,964	149,937,306	106,455,487		

* Le premier semestre de 1875 dépasse 16 millions ; l'année entière dépassera par conséquent 32 millions, au lieu de 30,600.000 fr. prévus.

Il restait en caisse au 31 décembre 1874, 2 ou 3 millions, qui s'ajouteront aux recettes de 1875.

Mais il est bon de remarquer qu'il devait rester disponible au 31 décembre 1874 de 7 à 8 millions, puisque les 30 millions représentant les produits de 1874 et le restant en caisse de 4 millions au 31 décembre 1873, n'ont été employés que jusqu'à concurrence de 23 millions au maximum, savoir : 18 millions pour les dépenses (administration, entretien, service des emprunts), et 5 millions pour le coupon mis en paiement le 2 février 1874. Si l'on déduit du solde disponible au 31 décembre 1874 le coupon payé le 2 janvier 1875 et représentant les intérêts du deuxième semestre de 1874, il reste encore de 2 à 3 millions : les premiers dividendes seront augmentés de ce reliquat.

En outre, dans les calculs qui précèdent, il n'est pas tenu compte des négociations poursuivies à Constantinople, en vue d'une modification de taxe, négociations qui seraient, dit-on, sur le point d'aboutir.

Telle qu'elle est faite à la Compagnie, la situation actuelle doit lui permettre de distribuer, sur les recettes des années postérieures à 1875, savoir :

Sur l'exercice 1876,   8-60 aux actions et 12-60 aux délég[ns] ;
    —   1877,   9-90   —   14-50   —
    —   1878,   9-50   —   14 »   —
    —   1879, 15-60   —   22 »   —
    —   1880, 21-70   —   31-90   —
    —   1881, 27-80   —   40-70   —

À ce moment, nous atteindrons les six millions de tonnes (gross-tonnage), que M. de Lesseps a présentés comme le maximum de ce que les dimensions actuelles du canal permettraient de faire transiter annuellement ; il faudrait donc alors, par voie d'emprunt, de réserve ou de surtaxe temporaire, pourvoir à l'élargissement des seuils ; mais la situation de la Compagnie serait alors assez prospère pour que ce travail pût s'effectuer sans difficultés.

Enfin, en 1885, 8 millions de tonnes, d'après les prévisions précédentes, traverseraient annuellement le canal ; or, à cette époque, le vieux matériel à voiles, dont l'usage ne dépasse pas 12 ans, serait certainement hors de service, et la voie du Cap complétement abandonnée. Il est permis de supposer qu'en 1886 ou 1887, tout le commerce de l'Orient s'effectuerait par le canal, et que le transit dépasserait bientôt 10 millions de tonnes.

2 Août 1875.

L'assemblée des actionnaires a eu lieu le 29 juillet. Il résulte du rapport de M. le Président-Directeur que le solde disponible au 31 décembre 1874 est de 2,614,873 francs 43 centimes, déduction faite du coupon de 5 millions mis en paiement le 2 janvier 1875, mais représentant les intérêts du deuxième semestre de 1874.

Les recettes de l'année 1874 se sont élevées à......................	26,726,144ᶠ 71
Les dépenses obligatoires atteignent....	18,667,567 86
EXCÉDANT des Recettes...	8,058,576 85

Mais cet excédant était insuffisant pour le service des intérêts aux actions et délégations, qui exige........ 10,000,000 »

Et ce service n'a pu être assuré qu'au moyen du solde disponible au 31 décembre 1873, s'élevant à......................	4,556,296 58
	12,614,873 43
Les coupons des 2 février 1874 et 2 janvier 1875 s'élevant à...................	10,000,000 »
il reste à reporter sur 1875.............	2,614,873 43

La situation de l'année 1875 s'annonce comme devant présenter des résultats tout différents.

M. de Lesseps constate que les six premiers mois ont donné...................... 16,010,800 71

Le second semestre ayant, depuis l'ouverture du canal, présenté, pour chaque année, des recettes au moins égales et presque toujours supérieures à celles du premier, on peut compter, pour 1875, sur un minimum de... 32,000,000 »

Si l'on considère que les dépenses de 1874 comprennent 800,000 fr., applicables à l'exercice précédent, et que certains autres articles, qui figurent au bilan du dernier exercice, ne profiteront pas à lui seul, on sera conduit à ne prévoir, pour les dépenses obligatoires de 1875, qu'une somme d'environ...... 17,000,000 »

Il est vrai que novembre 1875 coïncidera, avec la 1re échéance de l'intérêt des bons de coupons, représentant, pour 344,000 titres à 4 fr. 25 (224,000 pour les actions, 120,000 pour les délégations), plus l'amortissement, environ..... 1,700,000 »

En tout....... 18,700,000 » ci. 18,700,000 »

Il resterait..................... 13,300,000 »
Pour faire face aux intérêts sociaux de... 10,000,000 »

Il y aurait à distribuer........ ... 3,300,000 »
tout en laissant de côté les 2,614,873 fr. 43, reportés de 1874 sur 1875, et qui pourraient constituer un fonds de réserve tout exceptionnel.

Dans ces conditions, il serait distribué, dans le courant de 1876, au lieu de 95 centimes par action et 1 franc 40 centimes par délégation prévus dans le tableau qui figure à la première partie, 5 francs 05 centimes par action, 7 francs

50 centimes par délégation, sur lesquels un à-compte de 2 ou 3 francs par action et de 3 ou 4 francs par délégation pourrait être distribué en janvier prochain, et le solde en juillet, après la réunion de l'assemblée.

Nous ne serions ainsi séparés que par quelques mois de la période des bénéfices, et le début serait beaucoup plus favorable que tout ce que l'on pouvait prévoir au commencement de cette année.

Pour répondre aux bruits malveillants qui ont couru récemment sur la nécessité de travaux extraordinaires et la probabilité d'un emprunt de 10 millions, M. le Président déclare que les travaux de draguage du canal et des ports sont bien suffisants pour les entretenir en parfait état de navigabilité.

Enfin, abordant le sujet des négociations poursuivies à Constantinople par M. le Vice-Président du Conseil, M. Ferd. de Lesseps annonce qu'il a dû en provoquer la rupture, parce qu'elles tendaient à dégénérer en une ingérence étrangère dans l'administration de la Société, et par suite menaçaient la liberté d'action et même l'individualité de la compagnie.

Nous savons que nos intérêts et nos droits ne peuvent être confiés à des mains plus habiles : jamais œuvre plus gigantesque n'a vu se dresser devant elle des obstacles plus graves, pour ne pas dire plus insurmontables ; depuis le jour où le travail des fellahs nous a été enlevé, jusqu'à celui où nos tarifs ont été arbitrairement réduits, une série de difficultés de toute nature est venue nous assaillir. Le génie du chef de l'entreprise a tout surmonté, tout aplani avec une habileté, une fermeté et une persévérance devant lesquelles on reste confondu.

Grâce à ce puissant concours, la vérité se fera jour dans la question de la réduction arbitraire des tarifs comme dans toutes les autres. M. de Lesseps saura choisir le moment favorable pour nous faire rendre justice, et la cause qu'il défend aura l'adhésion de tous les honnêtes gens, sans distinction de race ni de nationalité.

Châlons, Imprimerie T. Martin.